Rolf Krenzer · Constanza Droop

Ich erzähl dir von Jesus

Meine Kinderbibel

Butzon & Bercker

Inhalt

Gott schickt seinen Boten zu Maria

Josef, der Zimmermann aus Nazaret, blickte seine Braut misstrauisch an.
„Ein Engel, sagst du?", fragte er.
„Gott hat einen Engel zu dir geschickt?"
Maria nickte. Noch niemals hatte Maria Josef angelogen.
„Ich war so erschrocken, als er vor mir stand", sagte Maria leise.
„Der Engel sagte: ‚Freu dich, Maria! Gott hat Großes mit dir vor.'"
Ausgerechnet Maria sollte Gott zu etwas Großem ausersehen haben?
„Ich hatte Angst", sagte Maria.
„Aber der Engel sagte weiter: ‚Du brauchst dich nicht zu fürchten. Du hast Gnade vor Gott gefunden.'"
Josef schwieg lange und dachte nach.
„Dann hat Gott dich auserwählt", sagte er schließlich.
„Ja, Gott hat etwas Besonderes mit mir vor", erzählte Maria. „Ich werde einen Sohn bekommen. Er soll Jesus heißen und wird der König des Himmels und der Erde sein. Gott ist sein Vater. Er ist Gottes Sohn!"
Da fragte Josef: „Und du? Was hast du geantwortet?"
„Ich habe gesagt: ‚Es soll geschehen, wie du es gesagt hast!'"
Da spürte Josef, dass sich Maria auf dieses Kind, das das Kind Gottes war, freute.
„Ich will ganz für Gott da sein!", sagte Maria.
Und Josef fing an, sich mit zu freuen.

Maria bringt Gottes Sohn zur Welt

Vor mehr als zweitausend Jahren hatten die Römer ein mächtiges Weltreich aufgebaut. Das Römische Reich reichte bis nach Israel. Es wurde von dem Kaiser Augustus in Rom regiert und der König Herodes in Jerusalem musste ihm gehorchen. Eines Tages wollte der Kaiser wissen, wie viele Menschen in seinem Reich lebten. Deshalb musste jeder dorthin reisen, woher er stammte, und sich in eine Liste eintragen lassen.

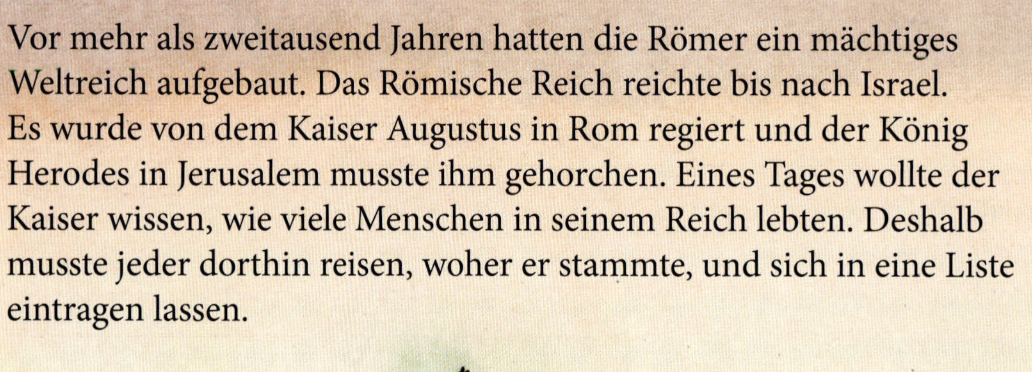

So kam es, dass sich auch Maria und Josef auf die Reise machten. Josef war in einer kleinen Stadt geboren worden, die Betlehem hieß. Es war ein weiter und schwerer Weg dorthin, besonders für Maria. In allernächster Zeit sollte sie ihr Kind zur Welt bringen.

Als sie endlich in Betlehem
ankamen, fanden sie nur noch
einen Stall mit einer Futterkrippe
als Unterkunft für die Nacht.

In dieser Nacht brachte Maria einen Sohn zur Welt. Ihr erstes Kind, Gottes Sohn! Sie wickelten das Kind in Windeln und legten es in das Stroh der Futterkrippe.

Was die Hirten mitten in der Nacht erleben

In dieser Nacht bewachten einige Hirten auf den Feldern von Betlehem ihre Schafe. Mitten in der Nacht schickte Gott einen Engel zu ihnen. Als Gottes heller Glanz um sie leuchtete, erschraken die Hirten und fürchteten sich sehr. Doch der Engel sagte zu ihnen:
„Fürchtet euch nicht! Heute ist in Betlehem euer Retter geboren, Christus, der Herr! Er wird König des Himmels und der Erde sein! Gottes Sohn, den er euch und allen Menschen versprochen hat. Geht selbst hin und seht nach! Ihr werdet in einem Stall ein Kind finden. Dieses Kind ist Gottes Sohn, der euch retten wird!“ Plötzlich waren viele Engel da. Sie lobten Gott und riefen: „Ehre sei Gott in der Höhe! Und auf Erden ist Friede bei allen Menschen, die sich von ihm lieben lassen!“

Staunend hörten die Hirten zu. Als aber die Engel zu Gott zurückgekehrt waren, ließen sie alles stehen und liegen und machten sich auf den Weg nach Betlehem. Und wirklich, sie fanden dort Maria und Josef und das Kind in der Krippe. Alles war genau so, wie es ihnen der Engel gesagt hatte.

Später gingen die Hirten zu ihren Schafen zurück. Unterwegs erzählten sie allen: „Dieses Kind wird der König des Himmels und der Erde sein! Es ist Gottes Sohn, den er uns und allen Menschen versprochen hat.“ Sie lobten Gott und dankten ihm für das, was sie in dieser Nacht erlebt hatten.

Sterndeuter besuchen den neugeborenen König

Sterndeuter, die eines Nachts einen hellen, leuchtenden Stern am Himmel erblickt hatten, forschten nach, was dieser plötzlich aufleuchtende Stern zu bedeuten hätte. Dieser Stern verkündete, dass der König des Himmels und der Erde geboren war. Und sie machten sich gleich auf den Weg, um den neugeborenen König zu suchen. Tagsüber ruhten sie aus und nachts zogen sie weiter. Sie folgten dem Stern, der ihnen den Weg zeigte.

Eines Tages kamen die Sterndeuter nach Jerusalem. „Wo finden wir das neugeborene Kind?“, fragten sie. „Das Kind, das der neue König sein wird. Wir haben seinen Stern aufgehen sehen.“ Als der König Herodes davon hörte, erschrak er. Im Königsschloss war kein Kind geboren worden. Sofort ließ Herodes diejenigen, die sich in den Gesetzen und alten Schriften auskannten, zu sich rufen und fragte: „Wo soll der König geboren werden, den Gott den Menschen versprochen hat?“

Da berichteten ihm die Männer, was einst der Prophet geschrieben hatte: „Aus Betlehem soll der Mann kommen, der das Volk Gottes führen wird.“ So schickte Herodes die Sterndeuter nach Betlehem. „Wenn ihr das Kind gefunden habt, dann gebt mir Bescheid! Ich will dann auch zu ihm gehen und es ehren und ihm huldigen!“, sagte er überaus freundlich.

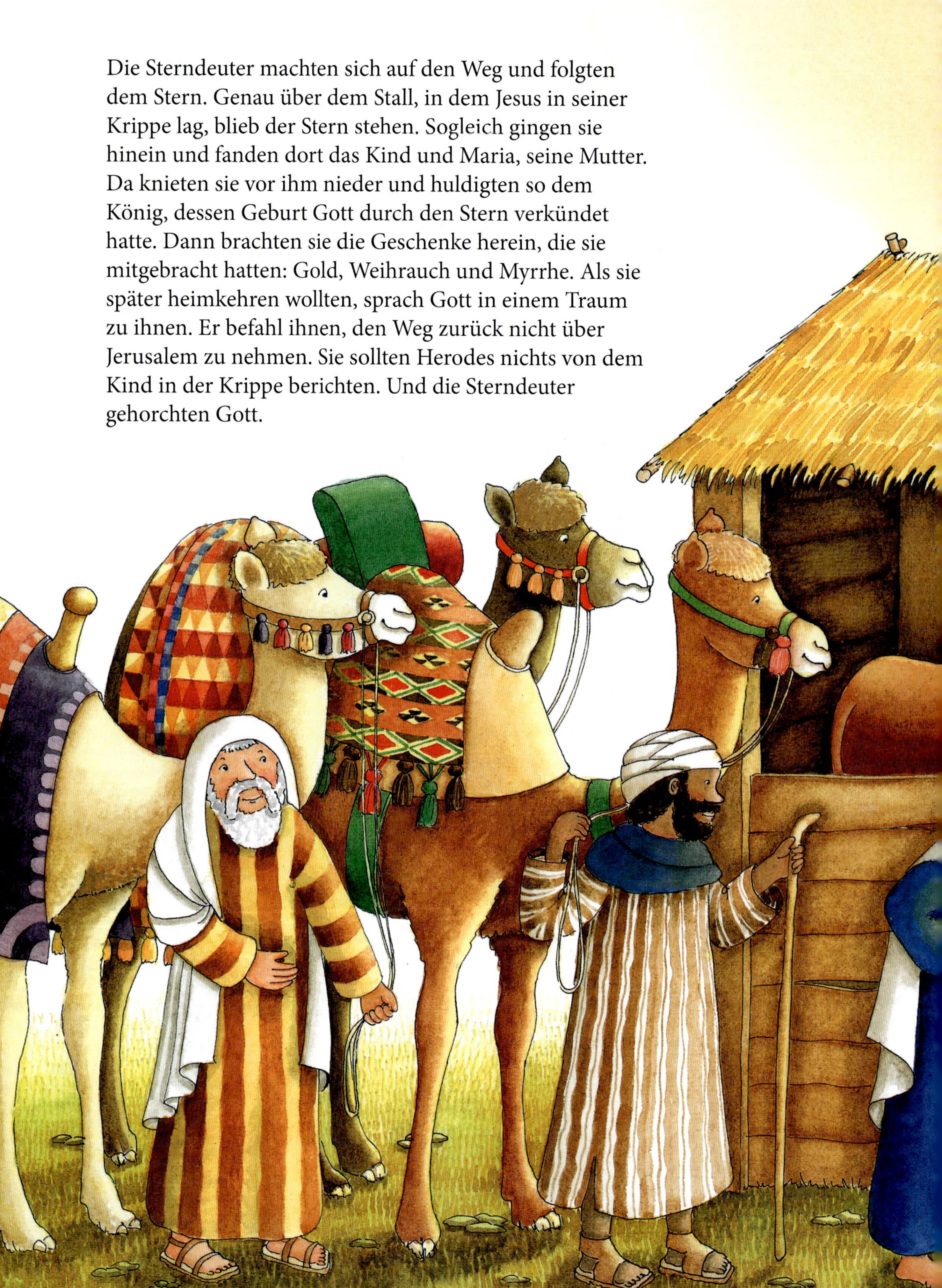

Die Sterndeuter machten sich auf den Weg und folgten dem Stern. Genau über dem Stall, in dem Jesus in seiner Krippe lag, blieb der Stern stehen. Sogleich gingen sie hinein und fanden dort das Kind und Maria, seine Mutter. Da knieten sie vor ihm nieder und huldigten so dem König, dessen Geburt Gott durch den Stern verkündet hatte. Dann brachten sie die Geschenke herein, die sie mitgebracht hatten: Gold, Weihrauch und Myrrhe. Als sie später heimkehren wollten, sprach Gott in einem Traum zu ihnen. Er befahl ihnen, den Weg zurück nicht über Jerusalem zu nehmen. Sie sollten Herodes nichts von dem Kind in der Krippe berichten. Und die Sterndeuter gehorchten Gott.

Eine Flucht bei Nacht

Aber im Dienst des Herodes standen Späher und Kundschafter. Sie meldeten ihm, dass dieses Kind wirklich in Betlehem geboren worden war.
Da zögerte Herodes nicht. Er fürchtete um seine Macht und um seinen Thron. Deshalb schickte er seine Soldaten nach Betlehem und gab ihnen den Befehl, alle Kinder bis zu zwei Jahren zu töten.
Gott schickte einen Engel zu Josef.
Er sprach zu ihm im Traum: „Steh auf! Du musst mit Maria und dem Kind nach Ägypten fliehen! Beeile dich, denn der König Herodes will Jesus töten! Bleibt so lange dort, bis ich dir sage, dass du zurückkommen kannst!"
Da floh Josef mit Maria und dem Kind noch mitten in der Nacht nach Ägypten. Dort waren sie sicher vor Herodes.

Zu Hause in Nazaret

Als der König nach einigen Jahren starb, kehrten Josef und Maria mit ihrem Kind nach Nazaret zurück. Dort arbeitete Josef wieder als Zimmermann und in Nazaret wuchs Jesus auf.

Jesus lässt sich von Johannes taufen

Drei Jahre lang schickte Gott seinen Sohn Jesus durch das Land, um allen Menschen zu sagen und zu zeigen, wie lieb Gott sie hat. Und Jesus tat alles, was Gott von ihm verlangte.

Damals gab es einen berühmten Propheten Gottes. Er hieß Johannes und hatte lange Zeit in der Wüste gelebt. „Seid nicht mehr so böse!“, rief er jetzt den Menschen zu. „Ändert euch! Bald wird euer Herr zu euch kommen.“ Viele Menschen liefen herbei und hörten ihm zu. Viele ließen sich von ihm in dem großen Fluss, der Jordan heißt, taufen. Auch Jesus machte sich auf den Weg zu Johannes.

Als Jesus in das Wasser stieg, erkannte Johannes, wer vor ihm stand. Ja, das war Gottes Sohn, von dem er den Menschen erzählt hatte! Erstaunt blickte Johannes ihn an und fragte: „Du willst dich von mir taufen lassen? Wäre es nicht viel besser, du würdest mich taufen?“ Doch Jesus sagte: „Wir tun das, was Gott von uns verlangt.“ So taufte Johannes Jesus im Jordan.

Jesus findet viele Freunde

Auf dem Weg durch das Land kam Jesus auch an den See Gennesaret. Da umringten ihn so viele Menschen, dass er nicht mehr zu sehen war. „Ruderst du mich ein Stück auf den See hinaus?“, fragte Jesus den Fischer Simon.

Simon war gleich dazu bereit. Von dem Fischerboot aus sprach Jesus mit den Leuten und sagte ihnen, wie lieb Gott sie hat.

Als Simon Jesus zum Ufer zurückgerudert hatte, forderte Jesus die Fischer auf: „Rudert noch einmal auf den See hinaus, wo das Wasser tief ist! Dort werft eure Fischernetze aus!“
„Wir haben bereits die ganze Nacht gefischt, aber keinen einzigen Fisch gefangen“, meinte Simon. Doch dann sagte er: „Weil du es sagst, wollen wir die Netze noch einmal auswerfen!“
So ruderten sie wieder hinaus auf den See und warfen ihre Netze aus. Als sie sie aus dem Wasser zogen, hatten sie so viele Fische gefangen, dass ihre Netze fast rissen.
Als Simon das sah, fiel er vor Jesus auf die Knie. Auch die anderen Fischer begriffen nicht, was geschehen war, und fürchteten sich. Doch Jesus sagte zu ihnen: „Habt keine Angst!“ Und dann fragte er sie: „Wollt ihr nicht mit mir gehen?“ Da ließen sie alles stehen und liegen und gingen mit ihm.
Simon und seine beiden Freunde Jakobus und Johannes. Sie waren die ersten Freunde, die mit Jesus gingen, seine ersten Jünger.
Und es wurden bald mehr.

Jesus besucht den Zöllner Zachäus

Als Jesus einmal nach Jericho kam, liefen viele Leute zu ihm, um ihn zu sehen und ihm zuzuhören. Das wollte sich auch Zachäus nicht entgehen lassen. Zachäus war ein Zöllner, der oft schon die Leute um ihr Geld betrogen hatte. Als er hinzukam, standen so viele Menschen um Jesus herum, dass er ihn nicht sehen konnte. Er war einfach zu klein. Da stieg er auf einen Baum. Jetzt konnte er Jesus richtig sehen. Aber Jesus sah ihn auch. „Zachäus", rief er, „komm schnell herunter! Ich will dich heute besuchen!" Da sprang Zachäus vom Baum herunter und führte Jesus zu seinem Haus. Die Leute aber ärgerten sich. Ausgerechnet diesen Zöllner wollte Jesus besuchen.

Doch Zachäus lud Jesus zu Tisch und bot ihm alles an, was er hatte. Da hörte er die Leute vor seinem Haus schimpfen. Sie schrien so laut, dass es nicht zu überhören war. Nur zu gut wusste Zachäus, dass sie recht hatten.
„Ich habe viele Leute betrogen", sagte er zu Jesus. „Aber ich gebe ihnen alles wieder zurück. Ich gebe ihnen mehr zurück, als ich ihnen genommen habe. Von allem, was mir gehört, gebe ich die Hälfte den Armen. Das verspreche ich dir!" Und es blieb nicht nur bei seinen Worten. Er wagte sich nach draußen und entschuldigte sich bei den Leuten. Dann gab er ihnen das zurück, was ihm nicht gehörte. Viel mehr sogar gab er zurück. Ob sie ihm verzeihen würden?

Jesus heilt den blinden Bartimäus

Als Jesus einmal mit seinen Freunden Jericho verließ, saß am Straßenrand der blinde Bartimäus. Er bettelte alle an, die vorübergingen. Als Bartimäus hörte, dass Jesus vorbeikam, rief er laut: „Jesus, hab Erbarmen mit mir!"
„Sei still!", riefen ihm viele ärgerlich zu. Doch der Blinde schrie nur noch lauter: „Jesus, hab Erbarmen mit mir!"

Als Jesus ihn hörte, blieb er stehen und sagte:
„Ruft ihn her!"
Sofort liefen einige zu dem Blinden.
„Hab nur Mut!", redeten sie ihm zu.
„Steh auf! Jesus ruft dich."
Da sprang Bartimäus auf und lief zu Jesus hin.
„Was soll ich für dich tun?", fragte ihn Jesus.
„Herr", sagte der Blinde, „ich möchte wieder sehen können."
„Geh nur!", antwortete Jesus.
„Dein Vertrauen zu mir hat dir geholfen."
Da konnte Bartimäus plötzlich wieder sehen.
Er war so glücklich, dass er Jesus folgte.

Jesus und die Kinder

Wenn Jesus in die Stadt kam, sprach es sich wie ein Lauffeuer herum und viele Leute liefen zusammen, um ihn zu sehen, zu hören und mit ihm zu sprechen. Und Jesus hatte Zeit für alle.
Da kamen auch Eltern mit ihren Kindern zu Jesus. Aber die Jünger schirmten Jesus vor den Kindern ab und ließen sie nicht zu ihm kommen. Am liebsten hätten sie sie davongejagt. Schließlich hatte Jesus Wichtigeres den Erwachsenen zu sagen.

Doch Jesus hatte die Kinder bereits bemerkt. Er wurde richtig zornig über seine Jünger und schimpfte sie. „Lasst doch die Kinder zu mir kommen!“, sagte er. „Gerade den Kindern will ich von Gott erzählen!“

Freundlich nahm er die Kinder in seine Arme. Er legte ihnen zärtlich die Hände auf den Kopf und segnete sie. Zu den Jüngern aber sagte er:

„Wer Gott wie ein Kind vertraut, der wird immer erfahren, wie lieb Gott ihn hat. Solchen Menschen steht Gottes Reich offen."

Kein Wein mehr bei der Hochzeit

Einmal war Jesus mit seinen Freunden in Kana zu einer Hochzeit eingeladen. Seine Mutter war auch dabei. „Sie haben keinen Wein mehr", sagte Maria zu Jesus. „Ihr Vorrat ist aufgebraucht." Jesus antwortete: „Was willst du von mir? Meine Zeit ist noch nicht gekommen."
Aber Maria ging zu den Dienern, deutete auf Jesus und sagte zu ihnen: „Was er euch sagt, das tut!" Im Haus standen sechs große Weinkrüge. Jeder fasste gut und gern hundert Liter. „Füllt diese Krüge bis oben mit Wasser!", sagte Jesus. Da liefen die Diener gleich los und taten alles, was Jesus ihnen sagte: „Schöpft etwas von dem Wasser in einen Krug!", sagte Jesus darauf. „Bringt es dem Küchenmeister und lasst ihn probieren!"

Als der Küchenmeister einen kleinen Schluck nahm, war das Wasser zu Wein geworden. Er wunderte sich sehr und sagte zu dem Bräutigam: „Es wird immer zuerst der beste Wein angeboten. Und später, wenn alle reichlich getrunken haben, dann kommt der billige Wein auf den Tisch. Du hast den besten Wein zurückgehalten und hebst ihn für den Schluss auf."
Das Wasser war zu Wein geworden. Es war ein Wunder! Ein Zeichen! Ein Zeichen der Herrlichkeit und Macht Jesu.

Jesus heilt einen gelähmten Menschen

Weil es sich herumgesprochen hatte, dass Jesus Kranke heilte, kamen viele Kranke voll Hoffnung zu ihm.
So war es auch in Kafarnaum. Jesus war in ein Haus eingetreten und bald waren ihm so viele gefolgt, dass das Haus überfüllt war. Da trugen vier Männer einen Gelähmten herbei. Doch die Leute dachten nicht daran, Platz zu machen. Da hoben die Männer den Kranken mit vereinten Kräften auf das Dach hinauf. Sie deckten ein Stück des Daches ab. Dann ließen sie den Mann auf seiner Trage so durch das Loch hinunter, dass er vor Jesus auf dem Boden lag. Als Jesus sah, welches Vertrauen sie zu ihm hatten, sagte er zu dem Gelähmten: „Deine Schuld ist dir vergeben!“
Mancher Gesetzeslehrer erstarrte, als er Jesus so sprechen hörte. Wie konnte dieser Mann sich anmaßen, so zu reden. Das war Gotteslästerung! Niemand außer Gott kann Schuld vergeben!

Da sagte Jesus zu ihnen: „Was ist leichter? Zu diesem gelähmten Mann zu sagen: Deine Schuld ist dir vergeben!, oder: Steh auf, nimm deine Liege und geh!

Aber ihr sollt mit eigenen Augen sehen, dass ich das Recht habe, Schuld zu vergeben." Darauf sagte er zu dem Mann: „Steh auf! Nimm deine Liege und geh nach Hause!"

Und wirklich: Da stand der Mann auf, nahm seine Liege und ging aus dem Haus. Die dabei waren, begriffen auf einmal, dass es wirklich Gottes Sohn war, der da vor ihnen stand. So lobten sie Gott und sagten immer wieder: „So etwas haben wir noch nie erlebt."

Jesus ist stärker als der Sturm

Jesus und seine Freunde wollten über den See Gennesaret fahren. Jesus war müde. Deshalb legte er sich im Boot hin und ruhte sich aus. Plötzlich kam ein Sturm auf. Er trieb hohe Wellen vor sich her. Da wussten die Männer vor Angst nicht mehr aus noch ein. Nur Jesus merkte nichts von dem Unwetter. Er schlief ruhig im Boot. Als ihre Angst immer größer wurde, weckten die Freunde Jesus und riefen: „Wir müssen ertrinken!" Jesus fragte: „Warum habt ihr Angst? Ich bin doch bei euch!" Dann stand er auf und sagte: „Sturm, sei still!" Da wurde der See wieder so ruhig wie vorher. Und seine Freunde? Alle Angst war von ihnen genommen. Sie fühlten sich sicher, weil Jesus bei ihnen im Boot war.

Jesus ist stärker als der Tod

Einmal kam ein Mann zu Jesus, der Jaïrus hieß. Er war weit gelaufen, denn seine kleine Tochter war sehr krank. „Bitte, hilf ihr", flehte er Jesus an, „dass sie nicht sterben muss!" So machte sich Jesus mit Jaïrus auf den Weg. Von Weitem kamen ihnen schon Leute entgegen und riefen: „Jaïrus, dein Kind ist gestorben!" Doch Jesus ging ruhig weiter und sagte zu Jaïrus: „Hab keine Angst! Hab nur Vertrauen!" Vor dem Haus waren die Nachbarn zusammengelaufen und weinten und jammerten laut. Jesus fragte: „Warum schreit und weint ihr so? Das Kind ist nicht tot. Es schläft nur." Da lachten die Leute ihn aus.

Jesus ging zusammen mit den Eltern in das Totenzimmer. Er nahm das Kind an der Hand und sagte: „Steh auf, Mädchen!“
Da stand das Mädchen gleich auf und war wieder gesund. „Gebt dem Kind zu essen!“, sagte Jesus. Die Leute gerieten außer sich vor Staunen und Entsetzen. Keiner lachte Jesus mehr aus. Sie konnten nicht begreifen, was geschehen war.

Fünf Brote und zwei Fische

Wohin Jesus auch ging, immer folgten ihm viele Menschen. Manchmal fand er kaum noch Zeit zum Essen oder Ausruhen. So stieg er einmal mit seinen Freunden am See Gennesaret in ein Boot. Sie ruderten zu einer einsamen Stelle. Aber viele hatten sie abfahren sehen und hatten Jesus im Boot erkannt. So liefen sie voraus und warteten bereits auf Jesus, als er mit dem Boot anlegte.

Da stieg Jesus aus dem Boot und sprach mit ihnen, bis es Abend wurde.

Da machten sich seine Freunde Sorgen. „Es ist bereits spät", sagten sie zu Jesus. „Hier gibt es keine Geschäfte. Schicke die Leute doch fort, damit sie sich in den Dörfern etwas zu essen besorgen können!"
Jesus sah seine Freunde erstaunt an und fragte: „Warum soll ich sie fortschicken? Gebt ihr ihnen doch zu essen!"

Jetzt waren es seine Freunde, die sich über Jesus wunderten. Wie sollten sie für fünftausend Männer, Frauen und Kinder Essen kaufen und herbeischaffen? „Seht nach, wie viele Brote ihr noch habt!“, sagte Jesus. Da brachten sie ihm fünf Brote. Dazu zwei Fische. Das war alles. Aber Jesus nahm die Brote und die Fische, dankte Gott, brach die Brote in Stücke und reichte sie seinen Freunden weiter.

Sie verteilten ein Stück Brot nach dem anderen an die Leute. Dann teilte Jesus auch die beiden Fische aus, und seine Freunde reichten sie weiter. Sie verteilten so lange, bis jeder satt war. Als die Freunde die Reste einsammelten, füllten sie noch zwölf Körbe.

Jesus erzählt Geschichten

Jesus erzählte den Menschen
gern Geschichten, damit sie

Gottes Botschaft besser kennen
lernen und verstehen konnten.

Vom barmherzigen Samariter

Einmal ging ein Mann von Jerusalem nach Jericho. Unterwegs überfielen ihn die Räuber. Sie rissen ihm die Kleider vom Leib, schlugen ihn zusammen und ließen ihn halb tot liegen. Da kam ein Priester vorbei. Er sah den ausgeraubten und verwundeten Mann. Doch er ging einfach weiter. Später kam noch ein anderer Mann, ein Diener im Tempel von Jerusalem. Auch er sah den Ausgeraubten, aber er ging trotzdem weiter.

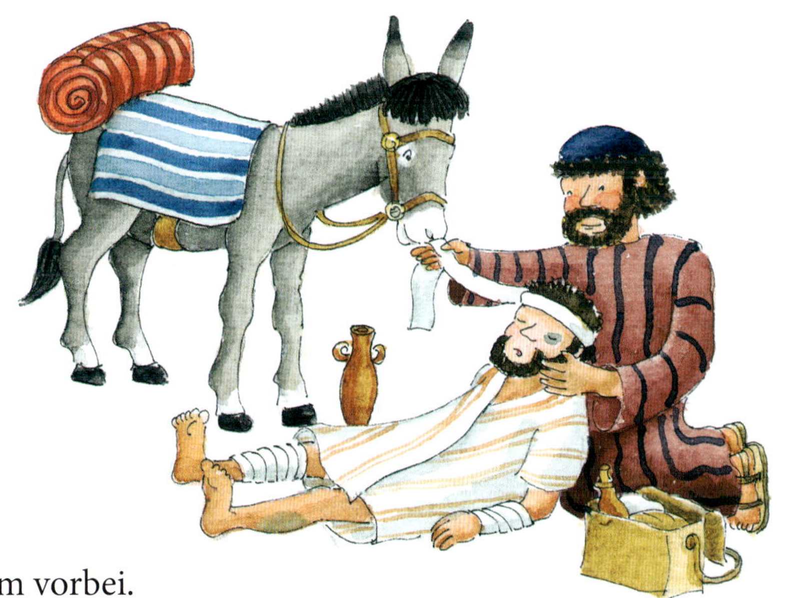

Noch ein dritter Mann kam vorbei.
Das war ein Samariter. So hießen die Leute,
die aus dem Land Samarien kamen. Als er den nackten und verletzten Mann erblickte, ging er zu ihm hin. Er behandelte seine Wunden und legte ihm einen Verband an. Und weil er Mitleid mit dem Mann hatte, hob er ihn auf, setzte ihn auf seinen Esel und brachte ihn zum nächsten Gasthaus. Dort kümmerte er sich um ihn. Als er am anderen Morgen weitermusste, gab er dem Wirt Geld und sagte: „Pflege diesen Mann! Wenn du noch mehr Geld brauchst, bezahle ich dir alles, wenn ich zurückkomme!" Als Jesus geendet hatte, sagte er: „Einer hat dem verletzten Menschen geholfen. So soll jeder Mensch dem anderen helfen."

Vom verlorenen Schaf und vom guten Hirten

Ein Schäfer besaß hundert Schafe. Als er eines Tages seine Schafe zählte, stellte er fest, dass es nur neunundneunzig waren.
Ein Schaf war nicht heimgekommen.
Es musste sich verlaufen haben.
Da ließ der Schäfer die neunundneunzig Schafe im Pferch allein und machte sich auf den Weg, um das eine Schaf zu suchen.
Er suchte überall. Bis zum Abend war er unterwegs.
Als er endlich das verlorene Schaf fand, war er glücklich. Ja, er freute sich so sehr, dass er das Schaf auf seine Schultern nahm und nach Hause trug. Dort rief er seine Freunde und Nachbarn zusammen und sagte: „Freut euch mit mir! Ich habe mein verlorenes Schaf wiedergefunden!"
So erzählte Jesus von diesem Schäfer. Er war ein guter Hirte. Und Jesus sagte: „Gott ist wie dieser Schäfer. Er ist der gute Hirte. Gott sucht den Menschen, der sich verlaufen hat. Gott ist unser Vater. Er freut sich über den verlorenen Menschen, den er wiedergefunden hat. Gott will, dass keiner der Menschen verloren geht. So sorgt sich Gott, unser Vater, um uns!"

Vom guten Vater

Ein Mann hatte zwei Söhne.
Der jüngere Sohn wollte nicht mehr zu Hause bleiben. Deshalb sagte er zu seinem Vater: „Gib mir meinen Teil von dem, was ich von dir erbe!"
Da teilte der Vater seinen Besitz unter den beiden Söhnen auf.
Doch schon nach wenigen Tagen verkaufte der jüngere Sohn alles, um in die Welt zu ziehen.
Er ließ es sich gut gehen und lebte in Saus und Braus. Eines Tages war alles Geld verjubelt. Arm war er geworden, bettelarm.

Schließlich fand er Arbeit bei einem Bauern. Er musste ihm auf dem Feld die Schweine hüten. Er hätte gern von dem Schweinefutter gegessen. Aber das wurde ihm verboten. In seiner Not dachte er: Mein Vater gibt seinen Arbeitern mehr, als sie essen können. Und ich werde hier umkommen vor Hunger.

Ich will zurück zu meinem Vater gehen und zu ihm sagen: „Vater, ich habe vieles falsch gemacht, ich verdiene es nicht mehr, dass ich dein Sohn bin!
Lass mich als einfacher Arbeiter bei dir bleiben." So machte er sich auf den Weg zurück nach Hause.

Als ihn sein Vater so kommen sah, lief er ihm voller Mitleid entgegen. Er nahm ihn in seine Arme und küsste ihn. „Vater!“, sagte der jüngere Sohn. „Ich bin schuldig geworden vor Gott und vor dir! Ich verdiene es nicht mehr, dass ich dein Sohn bin!“
Doch der Vater rief seine Diener herbei. „Beeilt euch!“, sagte er. „Holt etwas zum Anziehen für ihn! Bringt ihm Schuhe und steckt ihm einen Ring an den Finger! Dann schlachtet das Kalb, das gemästet wurde. Wir wollen ein Fest feiern. Das ist mein Sohn! Er war verloren, aber jetzt ist er wiedergefunden!“

Als der ältere Sohn vom Feld heimkam, hörte er, dass im Haus gesungen und getanzt wurde. Er fragte einen Diener, was da los sei, und der sagte ihm: „Dein Bruder ist wieder da! Er ist zurückgekommen. Deshalb feiern wir!
Dein Vater hat sogar ein Kalb schlachten lassen, das wir gemästet hatten.“
Da packte den Sohn ein solcher Zorn, dass er nicht ins Haus gehen wollte. So kam sein Vater schließlich zu ihm heraus und sprach ihm gut zu. Doch sein Sohn sagte: „Ich habe all die Jahre geschuftet wie ein Sklave. Niemals war ich dir ungehorsam! Nicht einmal meine Freunde konnte ich zu einem Fest einladen. Aber dem da, dem gibst du ein Fest! Er hat dein Geld verjubelt. Jetzt kommt er nach Hause und da schlachtest du gleich das Kalb für ihn!“
„Mein Sohn“, antwortete der Vater, „du bist immer bei mir! Alles gehört dir, was ich besitze. Dein Bruder war verloren, aber jetzt ist er wiedergefunden. Was können wir anderes tun, als ein Fest zu feiern und uns zu freuen!“

Jesus lehrt uns beten

Jesus sagte den Menschen: „Gott ist unser Vater. Wir dürfen immer und überall mit ihm sprechen. Er hört uns zu. Das Gebet soll nicht zu lang sein. Es kommt nicht auf viele Worte an. Gott weiß, was wir brauchen."
„So sollt ihr beten!", sagte Jesus – und so beten wir auch heute:

„Vater unser im Himmel, geheiligt werde dein Name.
Dein Reich komme. Dein Wille geschehe, wie im Himmel, so auf Erden. Unser tägliches Brot gib uns heute. Und vergib uns unsere Schuld, wie auch wir vergeben unseren Schuldigern. Und führe uns nicht in Versuchung, sondern erlöse uns von dem Bösen. Denn dein ist das Reich und die Kraft und die Herrlichkeit in Ewigkeit. Amen."

Jesus wird von einer Frau geehrt

Einmal war Jesus bei einem Mann in Betanien zum Essen eingeladen. Da kam eine Frau herein. Sie trug ein Fläschchen mit kostbarem Öl in ihrer Hand. Als sie zu Jesus kam, öffnete sie es und goss ihm ganz behutsam das Öl über das Haar. Als das die anderen sahen, ärgerten sie sich. „Was soll das?", fragten sie. „Dieses kostbare Öl hätte man besser verkaufen und das Geld den Armen geben sollen." Und sie machten der Frau heftige Vorwürfe.

Doch Jesus sah die Frau freundlich an und sagte: „Lasst die Frau in Ruhe! Sie hat etwas Gutes für mich getan. Armen Menschen könnt ihr immer helfen, wenn ihr nur wollt. Ich aber bin nicht mehr lange bei euch. Die Frau hat das kostbare Öl über mich gegossen, um mich im Voraus zu salben, wenn ich einmal tot bin und begraben werden soll."
Und er fügte hinzu: „Überall dort, wo man auf der Welt von mir und Gottes Botschaft berichten wird, wird man auch von dieser Frau erzählen."

Danach machte sich Jesus mit seinen Freunden wieder auf den Weg, um noch mehr Menschen von Gottes Liebe zu erzählen. Es folgten ihm viele Männer und Frauen. Manch eine Frau war darunter, die mit ihrem Geld dafür sorgte, dass Jesus und seine Jünger das Nötigste hatten, was sie für ihr Leben brauchten. Ja, die Frauen waren es, die sich um Jesus und seine Jünger sorgten.

Jesus zieht in Jerusalem ein

Doch Jesus wurde nicht nur geliebt. Viele Priester und Gesetzeslehrer glaubten Jesus nicht. Sie hassten ihn, weil er von sich sagte, dass er Gottes Sohn ist. Jesus wusste, dass sie in Jerusalem nur darauf warteten, ihn gefangen zu nehmen und zu töten. Trotzdem machte er sich mit seinen Jüngern auf den Weg dorthin. Auf einem Esel ritt Jesus durch das Stadttor. Von allen Seiten liefen die Leute herbei und jubelten ihm zu: „Wir grüßen den König, den Gott zu uns geschickt hat!“ Ihre Begeisterung war so groß, dass sie Kleider wie einen Teppich vor ihn auf die Straße legten. Doch die Feinde Jesu sahen voll Empörung, was sich da abspielte.

Jesus vertreibt die Händler aus dem Tempel

Als Jesus am Tempel ankam, ging er hinein. Aber was war nur aus dem Tempel Gottes geworden? Es ging dort wie auf einem Jahrmarkt zu. Da rief Jesus zornig: „Gottes Haus soll ein Haus zum Beten sein! Ihr habt eine Räuberhöhle daraus gemacht!“

Und er trieb die Händler aus dem Tempel hinaus. Kinder, die das sahen, klatschten in die Hände und riefen laut: „Heil dir, großer König!“ Voller Schrecken hörten die Priester zu. Sofort fragten sie Jesus: „Hörst du, was die Kinder rufen? Sie nennen dich König!“ Jesus nickte nur und sagte dann: „Gott sorgt dafür, dass sogar kleine Kinder ihn loben.“

Das letzte Mahl

Als es Abend wurde, lud Jesus seine zwölf Freunde zu einem Festmahl ein. Einer von ihnen war Judas. Er hatte sich heimlich mit den Feinden von Jesus getroffen und wollte ihn für Geld verraten. Aber Jesus wusste, was Judas vorhatte. Während des Essens nahm Jesus von dem Brot und sprach ein Dankgebet. Dann brach er das Brot in Stücke und reichte es seinen Freunden mit den Worten: „Nehmt und esst! Das ist mein Leib!“ Dann nahm er den Becher mit Wein, dankte Gott und reichte ihn den Freunden weiter. Er sagte: „Trinkt alle daraus! Das ist mein Blut, das für alle Menschen vergossen wird zur Vergebung ihrer Schuld. Wenn ihr dieses Brot esst und diesen Wein trinkt, dann sollt ihr wissen: Ich bin immer bei euch!“

„Ich würde für dich sterben!“, sagte Petrus. Jesus antwortete ernst: „Heute Nacht noch, ehe der Hahn zweimal kräht, wirst du behaupten, dass du mich nicht kennst!“

„Niemals!“, sagte Petrus ganz sicher. „Selbst dann nicht, wenn ich sterben müsste!“

Im Garten Getsemani

Im Garten Getsemani wollte Jesus ganz allein zu Gott beten. Seine Freunde begleiteten ihn. Nur einer war nicht mehr dabei. Als Jesus ganz allein war, warf er sich auf die Erde und betete voller Angst: „Vater, wenn du willst, dann lass mich nicht so leiden!" Und dann sagte er: „Aber was du willst, das soll geschehen. Nicht das, was ich will!" Als er zurückkam, waren die Freunde eingeschlafen. Da kamen bewaffnete Männer den Berg herauf. Judas führte sie an. Er lief zu Jesus und wollte ihn küssen. Jesus blickte Judas traurig an und sagte: „Judas, mit einem Kuss willst du mich verraten?" Doch da packten die Männer Jesus bereits und führten ihn wie einen Verbrecher ab.

Jesus vor dem obersten Priester

Die Männer brachten Jesus in das Haus des obersten Priesters. Dort sollte Gericht über ihn gehalten werden. Man fragte ihn: „Bist du wirklich Gottes Sohn?“
„Ja!“, antwortete Jesus. „Und bald werde ich bei meinem Vater sein!“ Da schrien sie: „Das ist Gotteslästerung! Er hat den Tod verdient!“

Alle Freunde waren bei der Festnahme von Jesus vor Angst davongelaufen. Nur Petrus war ihm heimlich gefolgt. Als er sich am Feuer wärmen wollte, wurde er erkannt. Petrus stritt dreimal ab, dass er mit Jesus zusammen gewesen war. Da krähte ein Hahn bereits zum zweiten Mal und Petrus erinnerte sich plötzlich daran, was Jesus gesagt hatte. Da wurde er so traurig, dass er wegging und weinte.

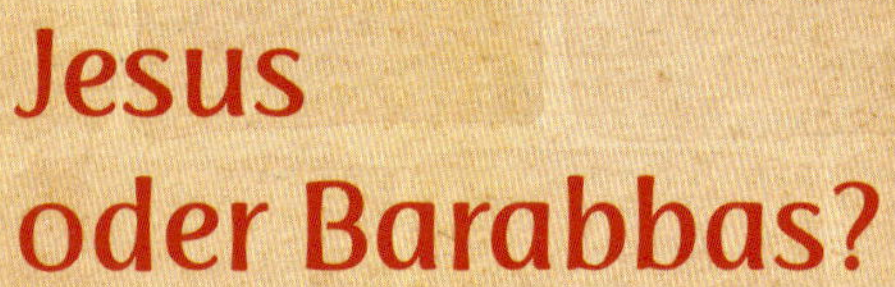

Jesus oder Barabbas?

Die Römer waren die Herren im Land. Deshalb musste Pilatus, der römische Verwalter, dem Todesurteil zustimmen. Als er Jesus befragt hatte, sagte er: „Der Mann hat nichts getan, womit er die Todesstrafe verdient!“ Doch die Feinde von Jesus gaben nicht nach. So ließ Pilatus einen Verbrecher aus dem Gefängnis holen. Nun sollte das Volk entscheiden. „Wen soll ich freilassen?“, fragte Pilatus. Die Feinde hetzten gegen Gottes Sohn. „Barabbas!“, schrie die Menge. „Und Jesus?“, fragte Pilatus. Sie schrien: „Ans Kreuz mit ihm!“ Da ließ Pilatus den Verbrecher Barabbas frei und Jesus musste sterben. Judas, der ihn verraten hatte, war bereits tot. Er hatte sich selbst umgebracht.

Jesus muss am Kreuz sterben

Jesus wurde von den Soldaten ausgepeitscht. Sie setzten ihm eine Krone aus Dornen auf den Kopf. Sie fielen vor ihm nieder und riefen lachend: „Heil dir, König der Juden!“
Dann zwangen sie ihn, das Kreuz, an dem er sterben sollte, selbst zu tragen. Als Jesus unter der Last zusammenbrach, packten sie das Kreuz einem kräftigen Mann, der zufällig in der Nähe stand, auf den Rücken.

INRI

Nachdem sie auf dem Berg angekommen waren, wurde Jesus ans Kreuz gehängt wie ein Verbrecher. Jesus aber betete zu Gott: „Vater, verzeihe ihnen! Sie wissen nicht, was sie tun.“ Dann betete er: „Vater, nimm mich zu dir!“

Viele sahen zu, als Jesus starb. Sie gingen weg, als er tot war. Nur wenige Freunde blieben noch da. Sie holten den toten Körper von Jesus vom Kreuz herunter und brachten ihn zu einem Grab in einem Felsen. Ein großer Stein wurde davorgewälzt.

Jesus lebt!

Drei Tage später gingen drei Frauen zu dem Grab. Wie erschraken sie, als sie entdeckten, dass der schwere Stein nicht mehr vor dem Felsengrab lag. Sie gingen in das Grab hinein, fanden aber den toten Körper von Jesus nicht mehr.

Da sprach sie ein fremder junger Mann an. „Jesus ist nicht hier!“, sagte er. „Gott hat ihn vom Tod aufgeweckt.“ Die Frauen konnten es nicht fassen, was ihnen der Fremde sagte.

„Habt keine Angst!“, sagte er. „Jesus lebt! Ihr und die anderen Freunde werdet ihn bald sehen!“ Da eilten die Frauen davon, um es den anderen zu erzählen. Sie waren erschrocken und doch voller Freude.

Auf dem Weg nach Emmaus

Zwei Jünger von Jesus waren auf dem Weg von Jerusalem in das Dorf Emmaus. Sie hatten in Jerusalem um ihren toten Herrn getrauert. Unterwegs sprachen sie immer noch von Jesus. Der auferstandene Herr ging auf sie zu, doch sie erkannten ihn nicht. Sie erzählten ihm aber alles, was geschehen war. Als sie in Emmaus ankamen, luden sie Jesus zum Abendessen ein. Er nahm das Brot und sprach ein Dankgebet. Dann brach er es in Stücke und reichte es den beiden. Da erkannten sie ihn plötzlich. Sie sprangen auf und wollten ihn umarmen,

doch da waren sie allein.
Und sie liefen zurück nach
Jerusalem und erzählten allen,
dass sie Jesus gesehen hatten.

Jesus ist immer bei uns

Vierzig Tage lang hat sich Jesus seinen Freunden immer wieder gezeigt. Immer mehr Menschen erfuhren davon, denn seine Freunde sagten es allen weiter: „Jesus lebt! Jesus ist Gottes Sohn! Er ist der König, auf den alle so lange gewartet haben!“ Und viele erinnerten sich daran, was Jesus gesagt hatte: „Ich werde zu Gott gehen. Aber ich verspreche es euch: Einmal werde ich wiederkommen. Dann werden wir uns alle lieb haben. Dann wird es keinen Streit und keinen Krieg mehr geben. Dann werden wir in Gottes Reich leben. Wir werden alle bei Gott sein. Gott ist unser Vater!“ Jesus selbst hat es versprochen: „Ich bin bei euch jeden Tag, solange die Welt besteht!“

Gottes heiliger Geist

Zum Pfingstfest trafen sich die Freunde von Jesus in Jerusalem. Es muss damals etwas ganz Besonderes geschehen sein. So erzählt die Bibel, dass es plötzlich vom Himmel rauschte wie bei einem Sturm und die Freunde etwas sahen, das sich wie leuchtende Flammen auf sie alle niederließ. Zum Fest waren viele Menschen aus vielen Ländern nach Jerusalem gekommen. Alle redeten in anderen Sprachen. Wie wunderten sich diese Fremden, als sie die Freunde von Jesus sprechen hörten. Sie konnten nämlich alles verstehen, was sie sagten. Gott selbst hatte bewirkt, dass die Freunde von Jesus von allen verstanden wurden. Und von Gottes Taten berichteten sie nun allen. Sie erzählten, was sie mit Jesus erlebt hatten und was Jesus gesagt hatte. Da hörten ihnen viele Menschen zu. Und es wurden immer mehr.

Bibliografische Information der Deutschen Nationalbibliothek

Die Deutsche Nationalbibliothek verzeichnet diese Publikation in der Deutschen Nationalbibliografie; detaillierte bibliografische Daten sind im Internet über http://dnb.d-nb.de abrufbar.

Das Gesamtprogramm
von Butzon & Bercker
finden Sie im Internet
unter **www.bube.de**

ISBN 978-3-7666-2746-9
(Butzon & Bercker GmbH)

ISBN 9778-3-438-04697-0
(Deutsche Bibelgesellschaft)

4. Auflage 2024 der überarbeiteten Neuausgabe 2020

Umschlaggestaltung, Layout und Satz: Werner Dennesen, Weeze
Umschlagillustration: Constanza Droop
Titelschild: Yvonne Hoppe-Engbring